中国儿童核心素养培养计划

课后半小时 小学生阶段阅读

文化基础 ✖ 自主发展 ✖ 社会参与

科学成果

世界就这样被改变

009

课后半小时编辑组 ■ 编著

北京理工大学出版社
BEIJING INSTITUTE OF TECHNOLOGY PRESS

核心素养之旅
Journey of Core Literacy

中国学生发展核心素养，指的是学生应具备的、能够适应终身发展和社会发展的必备品格和关键能力。简单来说，它是可以武装你的铠甲、是可以助力你成长的利器。有了它，再多的坎坷你都可以跨过，然后一路登上最高的山巅。怎么样，你准备好开启你的核心素养之旅了吗？

文化基础

科学基础

- 第 1 天 万能数学 〈数学思维
- 第 2 天 地理世界 〈观察能力　地理基础
- 第 3 天 物理现象 〈观察能力　物理基础
- 第 4 天 神奇生物 〈观察能力　生物基础
- 第 5 天 奇妙化学 〈理解能力　想象能力　化学基础

科学精神

- 第 6 天 寻找科学 〈观察能力　探究能力
- 第 7 天 科学思维 〈逻辑推理
- 第 8 天 科学实践 〈探究能力　逻辑推理
- 第 9 天 科学成果 ● 探究能力　批判思维
- 第 10 天 科学态度 〈批判思维

人文底蕴

- 第 11 天 美丽中国 〈传承能力
- 第 12 天 中国历史 〈人文情怀　传承能力
- 第 13 天 中国文化 〈传承能力
- 第 14 天 连接世界 〈人文情怀　国际视野
- 第 15 天 多彩世界 〈国际视野

自主发展

学会学习

- 第 16 天 探秘大脑 〈反思能力
- 第 17 天 高效学习 〈自主能力　规划能力
- 第 18 天 学会观察 〈观察能力　反思能力
- 第 19 天 学会应用 〈自主能力
- 第 20 天 机器学习 〈信息意识

健康生活

- 第 21 天 认识自己 〈抗挫折能力　自信感
- 第 22 天 社会交往 〈社交能力　情商力

社会参与

责任担当

- 第 23 天 国防科技 〈民族自信
- 第 24 天 中国力量 〈民族自信
- 第 25 天 保护地球 〈责任感　反思能力　国际视野

实践创新

- 第 26 天 生命密码 〈创新实践
- 第 27 天 生物技术 〈创新实践
- 第 28 天 世纪能源 〈创新实践
- 第 29 天 空天梦想 〈创新实践
- 第 30 天 工程思维 〈创新实践

总结复习

- 第 31 天 概念之书

中国儿童核心素养培养计划

课后半小时 小学生阶段阅读

文化基础 ✖ 自主发展 ✖ 社会参与

009

卷首

4
认识世界，然后改造世界

FINDING 发现生活

6 人体到底长什么样？
8 从马拉松到智能手机

EXPLORATION 上下求索

10 世界的本源
12 微粒世界
16 不安分的分子
18 宇宙诞生之初
20 惊人的能量
21 身边的科学
26 无处不在的科学成果
31 认识世界与改造世界

COLUMN 青出于蓝

34 科学发展为我们带来了什么？

THINKING 行成于思

36 头脑风暴
38 名词索引

卷首

认识世界，然后改造世界

从科学之祖泰勒斯开始，经过几千年的发展，科学经历了从无到有、从基础到进阶、从“无用”到有用的转变。一开始，人们嘲笑泰勒斯只顾仰望天空，却忘记了脚下的路，导致自己摔进了坑里。而现在，所有人都知道科学技术是第一生产力，大家不仅重视基础的科学普及工作，还拥有用科学撬起地球的愿望。对比之前，人们对待科学的态度可谓云泥之别，你知道这是为什么吗?

答案分为两个方面：一方面是因为人们通过科学全方位地重新认识了世界，而且这个认识与曾经的直觉、猜测有根本上的区别——这些认识可以被证明。曾经，人们看着远处的地平线判断地球是平的，而麦哲伦率领船队，通过环球航行证明了地球是圆的；曾经，人们坚信地球是宇宙的中心，整个宇宙都在围绕地球运转，而通过哥白尼、开普勒等多位科学家的共同努力，人们终于知道了真实的宇宙状态；曾经，人们以为燃烧是因为万物中都存在“燃素”，痴迷于把其他金属炼成黄金的炼金术，直到拉瓦锡通过燃烧实验证明了氧气才是燃烧的关键，打开了化学的大门……这样的例子我能说一整天！另一方面是因为科学已经彻底改变了人们的生活，甚至帮助人们对世界进行了改造，使一切都朝着最方便、最高效的方向前行。古代人出远门动辄数月，甚至数年，与亲人长时间失去联络是常有的事，而现在，我们有高铁、飞机等便捷的交通工具，上千里的路程一天就能来回，手机和网络的普及更是让我们可以随时与所有人保持联络；古代经常发生饥荒，人们时常会吃不饱、穿不暖，而现在，我们有产量高又营养的杂交水稻，有品种更加优良的育种蔬果，还有因为畜牧业、造船业、捕鱼技术的更迭而带来的种类更丰富的肉类食物，我们不再陷入饥荒，反而更需要避免浪费；古代人受限于医学的发展，很多疾病都找不到源头，面对大型传染病更是束手无策，曾经大肆流行的霍乱、天花等烈性传染病，不知葬送了多少人的生命，而现在，面对新出现的病毒，我们可以迅速分离毒株、研发疫苗，有赖于通信和网络等技术的发展，我们还可以全民配合防疫，将因病牺牲的人数降到最低，随着医学技术的提高，人们的平均寿命也在逐渐增加……享受着这一切便利的我们，又怎么能不相信科学、感谢科学呢？

研究科学不是目的，帮助人们认识世界、改造世界才是科学的最终目的。现在，就跟我一起去科学世界的一隅走一走吧！

戴磊

中国科学院国家空间科学中心研究员，博士生导师

人体到底长什么样？

美术：贺俊丹
撰文：硫克

认识世界是科学的一大成就，这类成就囊括了我们身边的各种事物，当然，也包括我们自己。那么，在认识自身方面，科学又给我们带来了什么全新的知识呢？

在古罗马时期，人们相信万物都是由上帝创造的，而人体是上帝最神圣的杰作，因此，罗马法律禁止解剖人体。人们只能通过解剖其他动物来“推测”人体的构造。这听起来十分离谱，但当时的人们对此深信不疑，除了一个名叫维萨里的人。秉承着对真理的执着，维萨里坚持解剖人体，最终出版了《人体构造》一书，

▶延伸知识

对于现代的医生来说，解剖是一件很平常的事，但在维萨里的年代，解剖人类是不被允许的，所以，当时的医生们只能通过解剖动物来“想象”人体的内部组织和构造，产生了很多错误认识。维萨里在大学期间不满学校保守的教学方法，甚至曾半夜偷走绞刑架上被处死的犯人尸体进行解剖。担任教授之后，维萨里仍然坚持解剖，并给学生展示人体的各个部分，纠正了许多错误观念。可以说是维萨里开启了解剖学，他是当之无愧的“解剖学之父”。

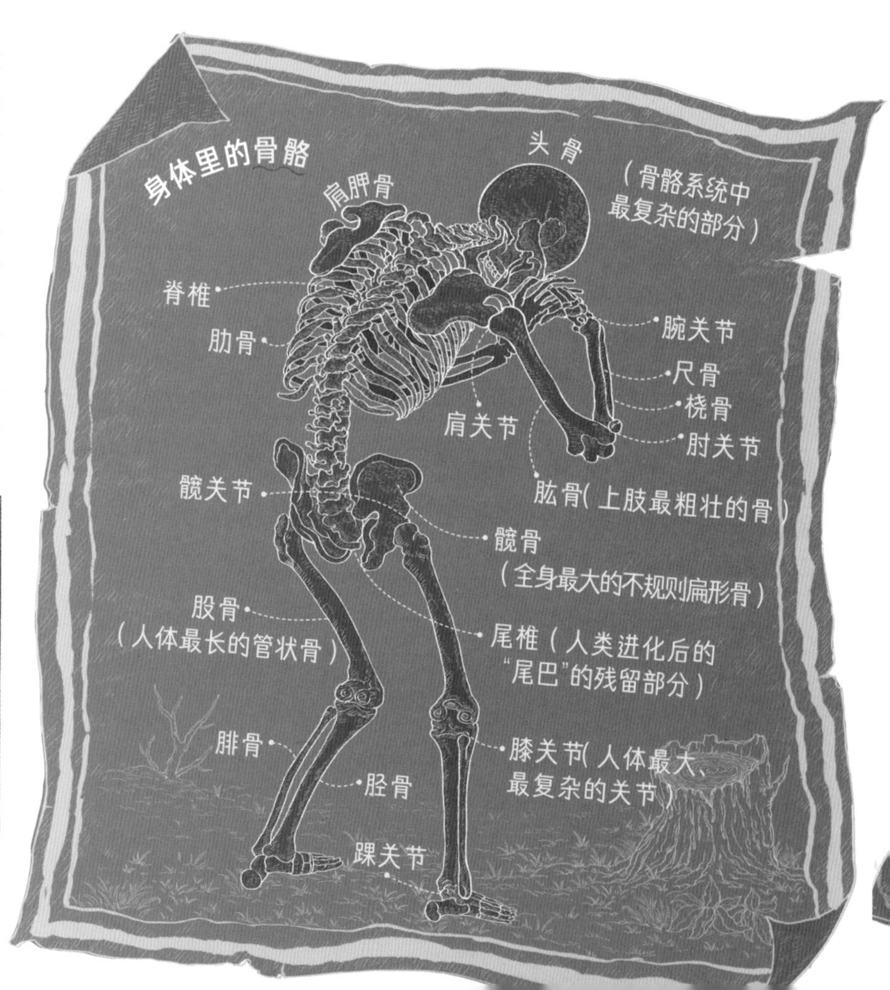

颠覆了人们靠着猴子认识人的状态，打开了医学和解剖学的新篇章。

《人体构造》凝结了维萨里多年的解剖成果，这里面不仅有详细的人体肌肉介绍，而且有对骨骼、内脏等详尽的刻画。不同于我们普遍认为的解剖书，这本书最大的特点在于书中所画的人体不是普通的站着或坐着，而是有的仰首，有的沉思，姿态各异，形象生动，所以也被称为“活的解剖学”。

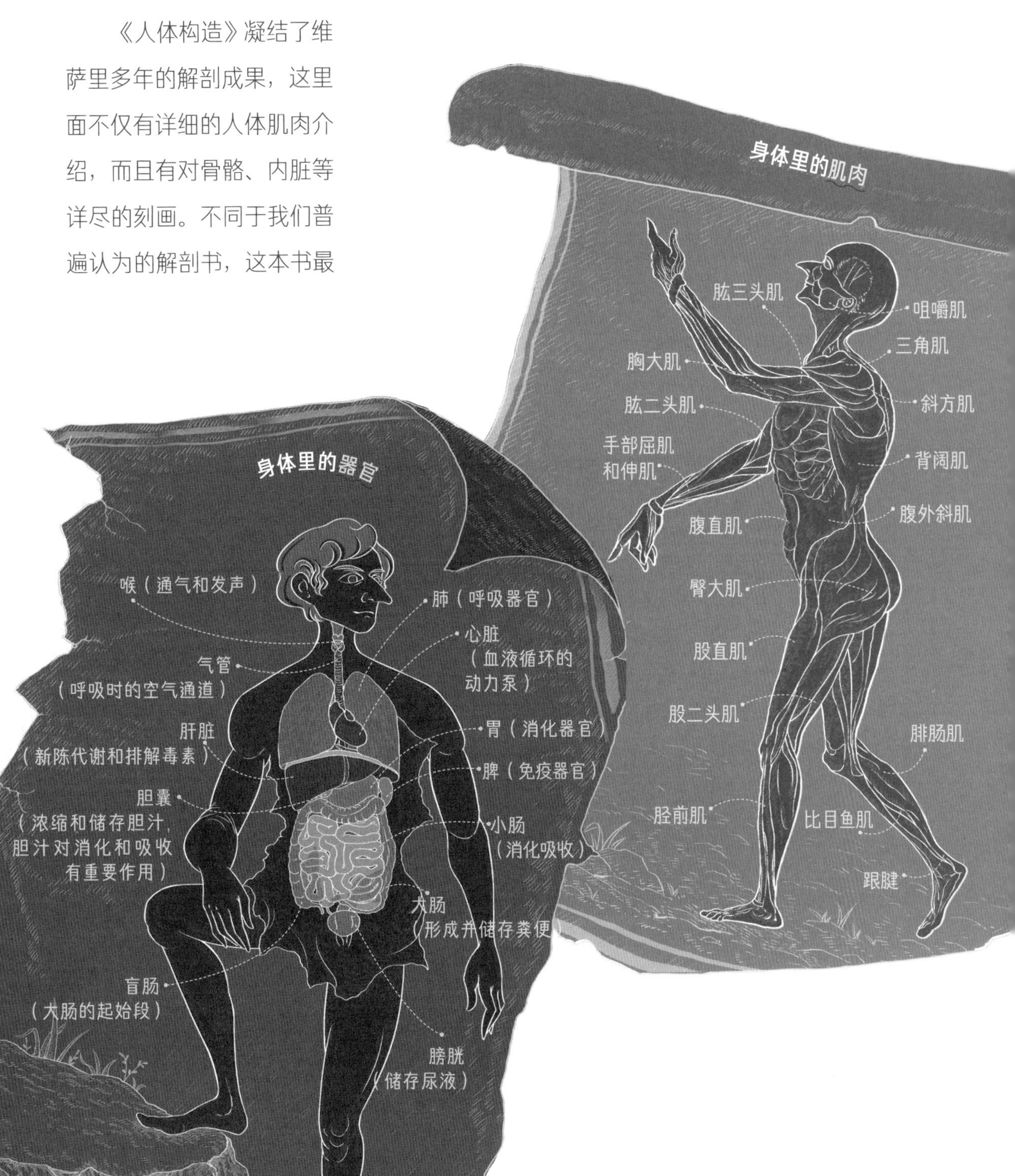

从马拉松到智能手机

撰文：硫克　美术：翁卫

改造世界是科学的另一成就，这类成就同样囊括了我们身边的各种事物，不信的话，你可以试着想象一下，如果这个世界上没有手机和网络，会是什么样子？要知道，这个世界上一开始可是没有这两种东西的！

在很久以前，信息传递只能依靠原始的人力，这其中还有一个著名的故事。有一年，波斯和雅典打仗，雅典人获胜了。为了尽快让民众知道胜利的喜讯，统帅派了一名跑得飞快的士兵回去通知大家，要知道，战场距离雅典足足有 42 千米之多！这位士兵不负众望，终于跑到雅典了，他喊出喜讯后就倒在地上死去了。为了纪念他，人们专门设立了“马拉松”赛跑的项目，比赛距离就是当年那位士兵跑完的 42.195 千米。

人力很有限，所以古代的人们会驯养一些跑得很快的动物来帮助通信，马就是其中的代表。我们经常在电视剧里看到古人传递信息都是快马加鞭，这种方式尤其适用于长距离通信。在中国古代，政府建造了很多驿站，一来供送信人休息，二来可以用体力充沛的马替换下疲惫的马，最大限度地加快通信速度。

以上都是针对内容比较复杂的信息传递，如果信息很简单，或者是一些特定的信息，比如“准备打仗”，人们就会用一些固定的标志来表示，比如长城上的烽火台，每当烽火燃起，就意味着有敌人入侵。

要说有什么方法既能及时传递，又能不论内容复杂与否，都可保证信息的准确性，那就要到电气时代去寻找了。人们发现电流的移动速度非常快，就想到用电来传递消息。1839 年，美国人莫尔斯制造出了一台电报机，他还发明了一种只用点、横线和空白来表达 26 个英文字母的“文字”，我们后来称之为莫尔斯电码。1844 年，莫尔斯成功用莫尔斯电码向 60 多千米外的城市发送了人类历史上第一份长途电报。

我正用一个真正的移动电话和你通话！

电报是通过电流将信息转变成可以被识别的信号和文字的，那么，电流是不是也可以直接传递语音呢？答案是可以，但这并不容易。好在美国人亚历山大 · 贝尔解决了这个问题——1876 年，贝尔制成了世界上第一部实用的电话机。第二年，美国波士顿开通了世界上第一条电话线路，电话终于开始走进人们的日常生活了！

为了改进电话无法随身携带的弊端，人们开始研究无线电话。第一部无线电话是由摩托罗拉公司的工程技术人员马丁 · 库帕于 1973 年制成的。这就是世界上第一部手机。

后来，手机的发展速度很快，其体型越来越小，功能越来越多，随着商业竞争的加剧，各种各样的新型手机被推向市场。同时，计算机也在飞速发展，个人电脑走进了千家万户，后来又出现了可以随身携带的掌上电脑。现在，人们将掌上电脑和手机合二为一，制造出一种新产品——智能手机。世界上第一部智能手机诞生于 1993 年，由美国 IBM 公司推出。

现在，你不妨想一想，除了我列举的这些事物之外，科学的发展还为我们带来了什么？

世界的本源

撰文：硫克

有人说，火是世界的本源，火给人类带来了太多便利，但物理学家告诉我们，火是能量的一种形式。

探究科学离不开观察和提问，这也正是人们“创造”科学时的举动。目前公认的科学起源可以追溯到泰勒斯问出的那句：“世界的本源是什么？”针对这个问题，科学家和哲学家们都给出了各自的回答……

有人说，水是世界的本源，中国古代的老子也曾提出『上善若水』的哲学观点，但化学家告诉我们，水是由氢元素和氧元素组成的，即 H_2O。
“世界的本源是什么？”如今，这个问题依然是哲学家们苦苦追寻的“真理”之一，但科学家们从另一个角度开始了研究……

很久以前，学者们就在思考一个问题：物质是由什么构成的？
他们提出了一个构想，认为物质是由肉眼看不到的微小粒子构成的。后来，这个构想被证实了。世界的确是由微粒构成的。那么什么是微粒？比如……

微粒世界

撰文：陈一丁 于雅致

在你周围的东西里，几乎都可以找到我。
我们的眼睛虽然看不到分子，但它们却无处不在。

生活中常见的水，就是由无数的水分子构成的。
我们呼吸的空气里，有许多不同的气体分子。

但分子还不是最小的微粒，大多数分子是由原子构成的。有一些分子，由同一种原子构成。
我们每天呼吸的空气中，1 个氧分子就是由 2 个氧原子构成的。
1 个水分子是由 1 个氧原子和 2 个氢原子构成的。
大多数的分子，由两种或者更多种的原子构成。
如果把原子和乒乓球相比，就相当于把乒乓球和地球相比。

在化学中，原子已经不能再分了，但实际上，原子是由更小的粒子组成的。原子的中心是原子核。

原子核由两种小粒子构成，分别是质子和中子。
质子
中子

在原子核的外围，还有更小的电子，它们绕着原子核不停地运动。
电子
现在，我们可以负责任地说，世界是由微粒组成的!

不安分的分子

撰文：陈一丁 于雅致

湿衣服挂起来会慢慢变干，也是由于分子在不停地运动。
衣服中的水分子一点点跑了出去，衣服就变干了。
分子的运动，你可以“感受”到。

分子的运动，你甚至还能“看到”。
来做一个小小的品红实验。
这个烧杯里装的是普通的水。
这个试剂瓶中装的是常用的化学试剂品红。
往烧杯中加入少量的品红。
注：品红是一种红色染料。

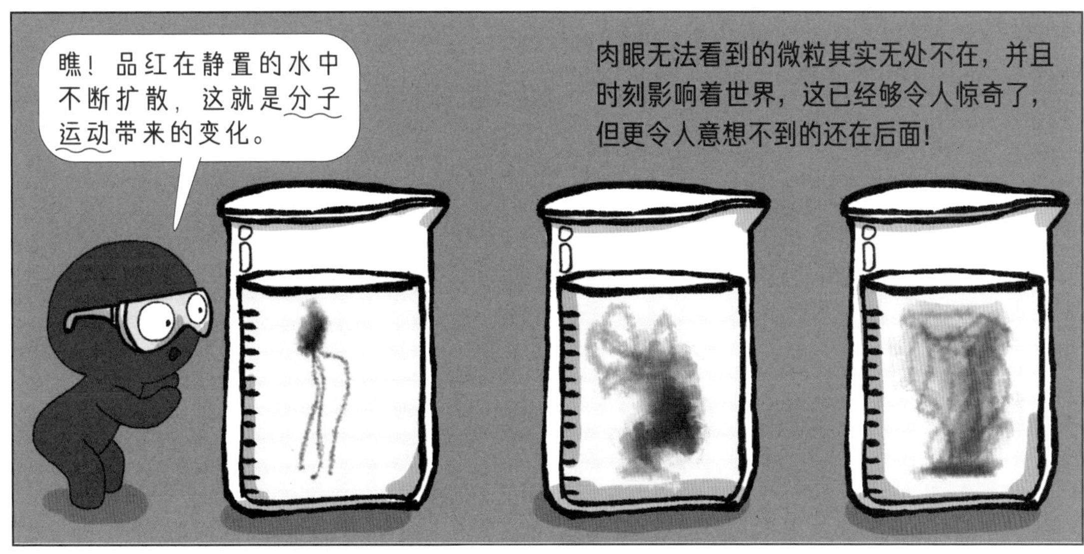
瞧！品红在静置的水中不断扩散，这就是分子运动带来的变化。
肉眼无法看到的微粒其实无处不在，并且时刻影响着世界，这已经够令人惊奇了，但更令人意想不到的还在后面！

宇宙诞生之初

微粒们不仅组成了现在的世界，而且是早于生命、早于地球的存在。你能相信吗，我们的宇宙其实都是由微粒组成的，并且它们从宇宙诞生之初就存在了！

撰文：硫克

宇宙的一切始于一个奇点发生大爆炸。

由于奇点的温度、能量和密度实在太高了，所以宇宙爆炸后急速膨胀。

一瞬间，宇宙中充满了夸克、电子等各种各样的粒子。

1秒钟

宇宙迅速冷却下来，夸克凝聚成了质子和中子。

3 分钟

质子和中子聚在一起，形成了原子核。当时宇宙中充斥的是氢原子核和氦原子核。

30 万年

电子加入进来后，终于形成了原子，主要是氢原子和氦原子。

4 亿年

4 亿年后，在引力的作用下，氢原子和氦原子开始聚集在一起，从而形成了原始的恒星和星系。

138 亿年

又经过上百亿年的演变，宇宙才成为现在的样子。

惊人的能量

撰文：硫克

在化学世界，原子不能再分，但是在物理世界，不仅原子可以组合和分离，原子核也可以，而且它们还会迸发出难以想象的超级能量——核能。

几个原子核组合在一起，形成新的原子核，叫作核聚变。核聚变需要非常严格的外界条件（比如超高的温度和超高的压力），并且只能由质量较小的原子核合成质量较大的原子核。在核聚变的过程中，原子核的碰撞会释放出大量的电子和中子，以及巨大的能量。

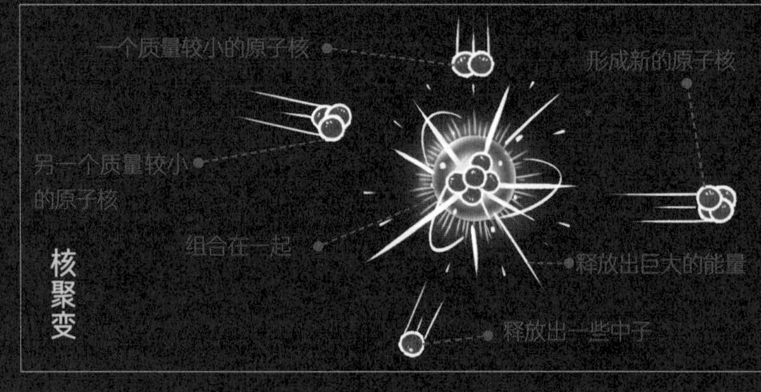

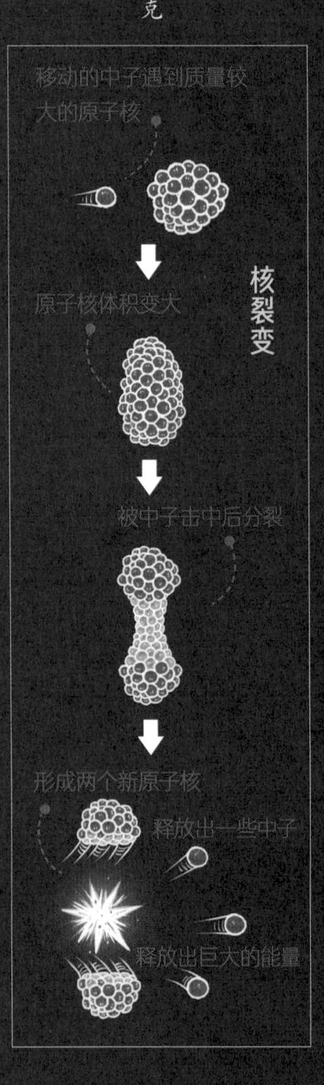

一个原子核分裂成两个或多个新的原子核，叫作核裂变。进行核裂变的条件没有核聚变那么苛刻，只需要发生裂变的原料大于一定的体积，而且只能由质量比较大的原子核裂变为质量比较小的原子核。在核裂变过程中，原子核的分裂会释放出几个中子和巨大的能量。

不管是核聚变还是核裂变，都会释放出巨大的能量，对这些能量加以利用，就给我们带来了一种新的能源——核能。核电站就是利用核能的一种形式：用核能来发电。

除此之外，人们最早对核能的利用其实是我们熟知的核武器——原子弹和氢弹。其中，原子弹利用的是核裂变，氢弹利用的是核聚变。这就是原子弹和氢弹的区别。

身边的科学

只是与微粒相关的科学成果，就让我说了这么久，可见科学成果真的很丰富。现在不妨把关注点拉回到我们身边，一起看看身边有哪些科学成果。

电热水壶能够在把水烧开的同时自动断电，是因为安装了“双保险”。
第一重保险，就是位于电热水壶顶部的蒸汽开关。水烧开以后，滚烫的蒸汽会使蒸汽开关中的金属片变形，变形后的金属片可以切断电源，从而促使电热水壶停止加热。
在电热水壶的底端，有一圈合金材料制成的高电阻加热盘，当电流通过时，加热盘会散发出很多热量，让水在短时间内沸腾起来。
温控器
电热水壶的第二重保险，就是隐藏在水壶底部的温控器。当加热盘的温度超过100℃，但蒸汽开关却还没有断开的时候，温控器就会自动断开，切断电源，防止电热水壶被高温烧坏。

随着科技的发展，我们生活中已经充斥着各种各样的“热机”。不过，热机可不是轻易就能被你发现的。找找看，热机隐藏在我们生活中的哪些角落里呢？
Hi!
Hi!

上下求索
EXPLORATION

通过燃烧燃料获得机械能的机器，叫作热机。
飞机、火箭、汽车和摩托车的发动机都是热机。
我的肚子里藏着发动机的秘密哦！
虽然水壶中的蒸汽把壶盖顶开了，但是壶里的水蒸气内能太小了，不足以成为动力，所以水壶不是热机。

汽车的发动机是最常见的一种热机，因为它需要让燃料直接在发动机气缸内燃烧才能产生动力，所以我们又叫它“内燃机”。

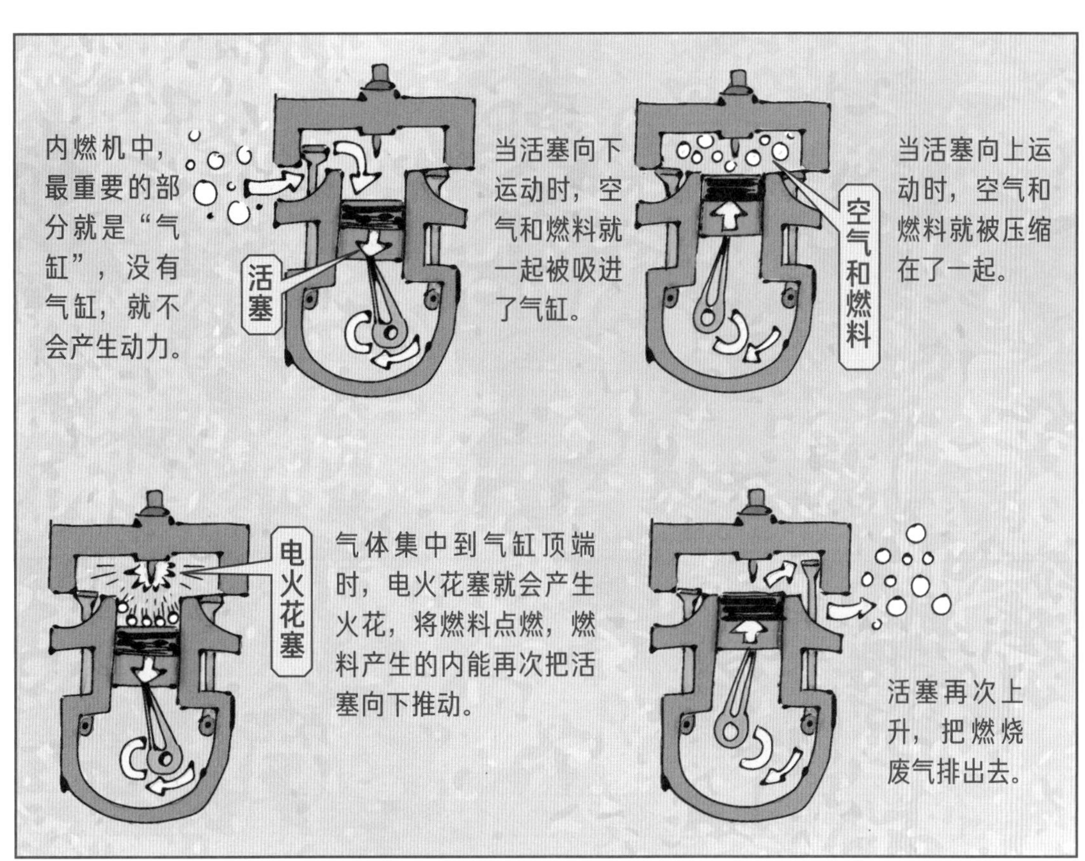

内燃机中，最重要的部分就是“气缸”，没有气缸，就不会产生动力。
活塞
当活塞向下运动时，空气和燃料就一起被吸进了气缸。
空气和燃料
当活塞向上运动时，空气和燃料就被压缩在了一起。
电火花塞
气体集中到气缸顶端时，电火花塞就会产生火花，将燃料点燃，燃料产生的内能再次把活塞向下推动。
活塞再次上升，把燃烧废气排出去。

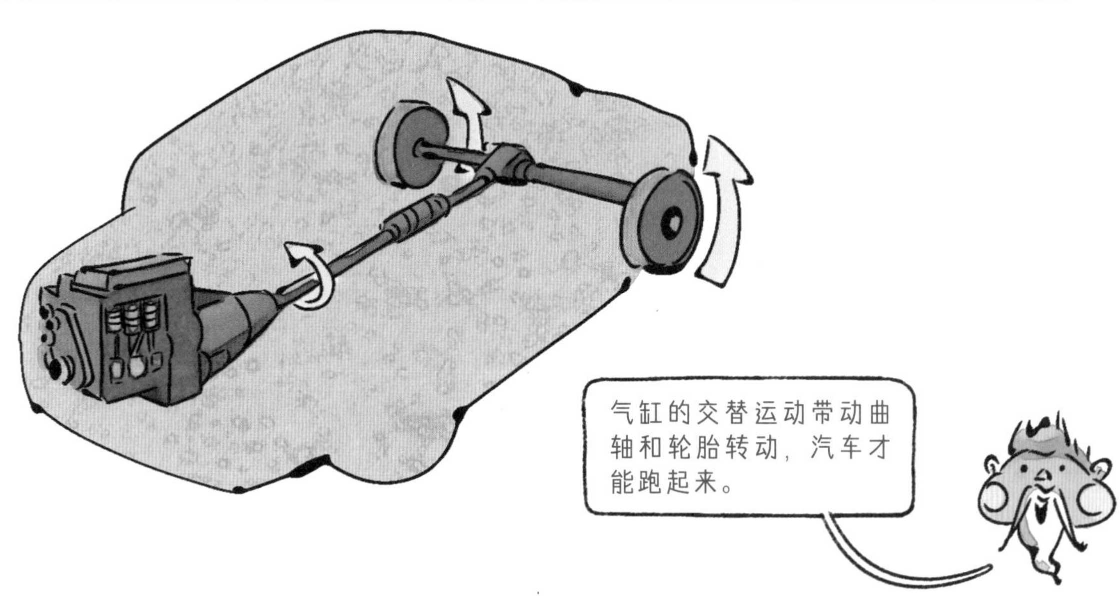

气缸的交替运动带动曲轴和轮胎转动，汽车才能跑起来。

无处不在的科学成果

科学迅速发展的历史并不悠久，但为什么科学可以迅速“称霸世界”呢？
这个问题不好回答，但在我们身边，刚好有一种事物与科学的发展脉络十分接近，那就是计算机。也许我们可以从计算机的历史中见微知著，类推出科学迅速发展的内在逻辑。
1张羊皮 =50 个野果
5 个鸡蛋 =1 条鱼
人类从很早的时候就开始以物易物，而这也推动了数学的发展——人们开始计算。

撰文：陈景熙
随着社会发展，需要计算的东西越来越多，问题越来越复杂。

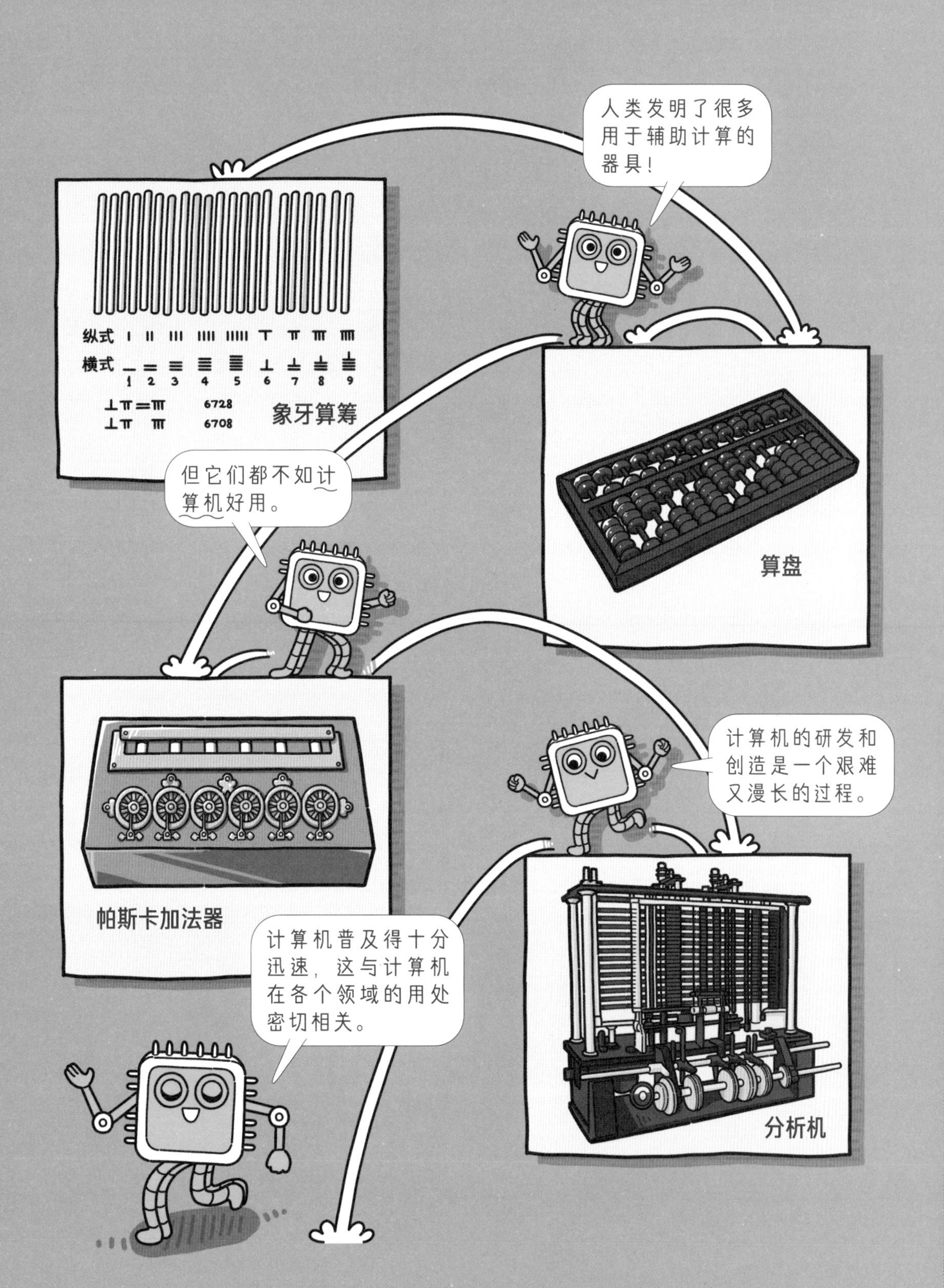

纵式
横式
1 2 3 4 5 6 7 8 9
6728
6708
象牙算筹
人类发明了很多用于辅助计算的器具！
算盘
但它们都不如计算机好用。
帕斯卡加法器
计算机的研发和创造是一个艰难又漫长的过程。
分析机
计算机普及得十分迅速，这与计算机在各个领域的用处密切相关。

医院里，医生使用计算机进行检查和分析。

公共场所，计算机也很常见。

回到家，计算机也环绕在你身边。

绘制漫画
编写脚本
数字印刷
电商上架
库房录入
书名：这就是计算机
就连你们看到的这本漫画书，
生产的每一步也都离不开计算机！

计算机可能是目前为止，人类发明的最好用的工具。
在帮助人类的过程中，计算机也在一天天变得更聪明、更高效，从而更好地为人类服务。

计算机能迅速发展和普及，归根究底，就是因为它们太好用、太便利了，那么，依此类推，如今科学能够无处不在的原因你明白了吗?

认识世界与改造世界

科学给我们的生活带来了天翻地覆的变化，不过总的来说，科学的成果可以被归为两大类：认识世界和改造世界。而我——中国“天眼”——一架500米口径球面射电望远镜，恰好集合了这两个方向的科学成果！
啪
啪
啪

撰文：硫克
美术：王婉静 等

天眼成就表

首屈一指

2020年1月，我观测到银河系内的快速射电暴，这是人类首次！

交友广泛

截至2021年4月，我发现了201颗脉冲星，包括一批暗弱的脉冲星！

勇于探索

2020年4月，我正式启动外星文明探索！

作为为探寻宇宙而生的射电望远镜，目前为止，我已经有了不少发现，为人类认识世界提供了不少帮助！

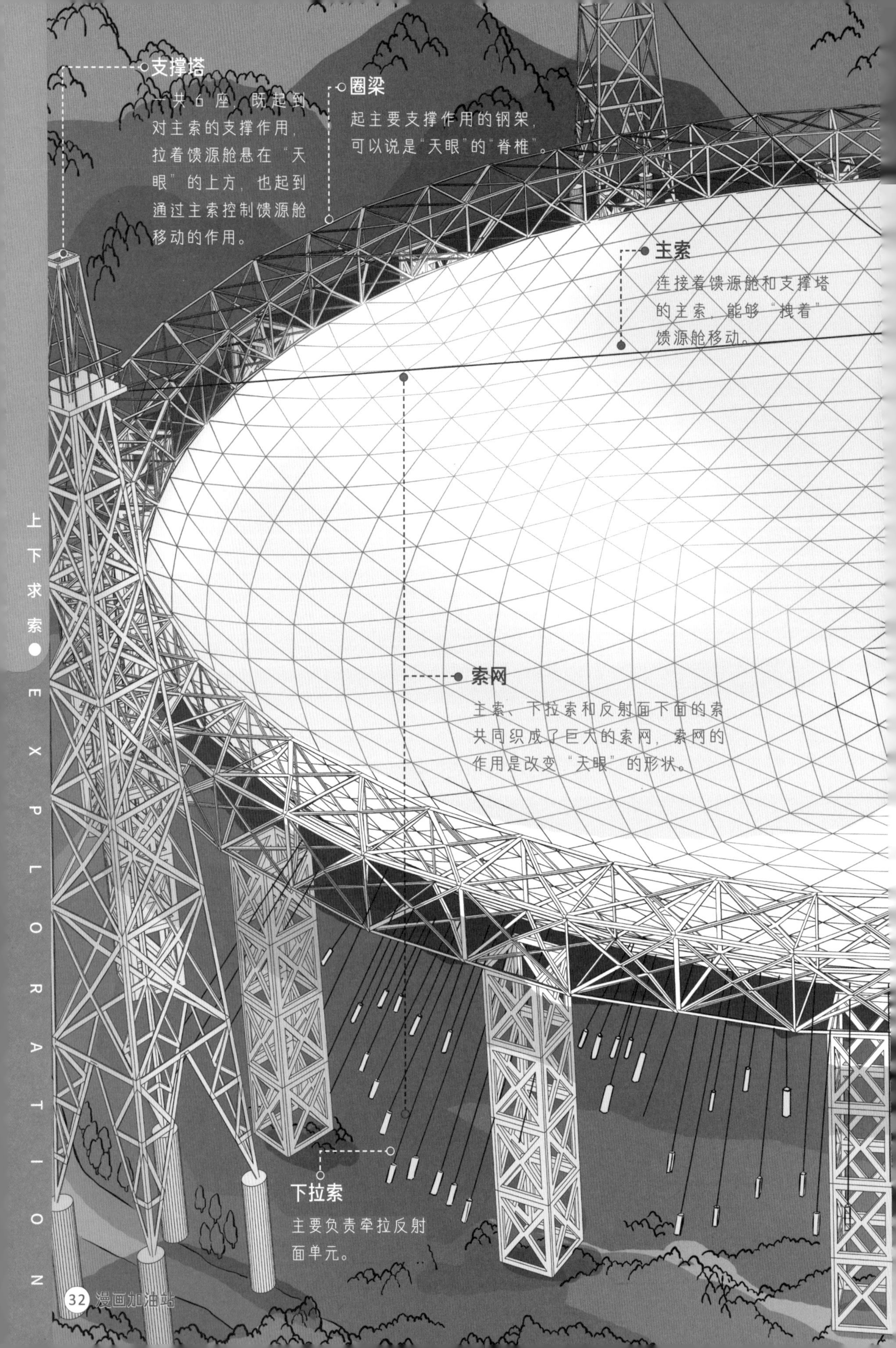
支撑塔
一共6座，既起到对主索的支撑作用，拉着馈源舱悬在"天眼"的上方，也起到通过主索控制馈源舱移动的作用。
圈梁
起主要支撑作用的钢架，可以说是"天眼"的"脊椎"。
主索
连接着馈源舱和支撑塔的主索，能够"拽着"馈源舱移动。
索网
主索、下拉索和反射面下面的索共同织成了巨大的索网，索网的作用是改变"天眼"的形状。
下拉索
主要负责牵拉反射面单元。

馈源舱
“天眼”捕捉的射电波最后会聚焦在这里，可以看作是“天眼”的“眼珠”。“天眼”的馈源舱质量为 30 吨，已经算是很轻巧了；馈源舱体积很小，这可以减少干扰信号，使“天眼”得到非常干净的射电波。
主动反射面
“天眼”最主要的部分。由 4450 个反射面单元组成，有 30 个足球场那么大，负责收集和反射来自宇宙的射电波，可以说是“天眼”的天线。
而我本身其实就是融合了各种科学和技术的产物，我就是人类用科学改造世界的重大成果之一！

尹传红

《科普时报》总编、中国科普作家协会副秘书长。

科学发展为我们带来了什么？

科学帮我们发现、创造了各种保暖材料，使冬天不再寒冷。

科学使服饰更加多样，使穿衣超出了护体的范畴，给我们的穿搭提供了更多选择。

衣

科学使我们不用再担心温饱问题！

科学还带来了有特殊功能的食物，帮助人们活得更健康！

食

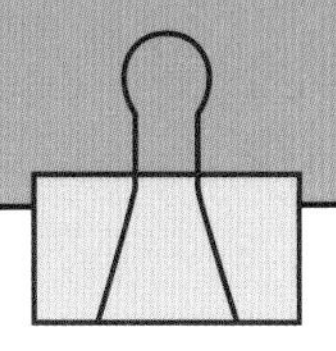

答 认识世界，一方面可以满足人们天然的好奇心，另一方面可以帮助我们更好地理解这个世界、研究世界的规律，从而加以利用，实现改造世界的目的，让我们的生活变得更好。科学带来的改变不胜枚举，但我们可以从几个方向稍作总结，看看科学发展了这么多年，都为我们带来了什么。

科学使建筑的建造速度越来越快、质量越来越好。

科学使出行更快捷、更方便。

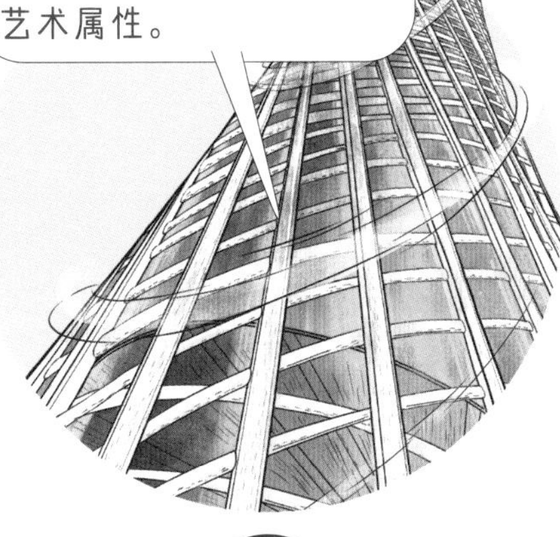

科学使建筑变得更高、更多样，给房屋增加了艺术属性。

科学为我们出行提供了更多选择！

住

行

THINKING
头脑风暴

选一选

01 著名解剖学家维萨里出版了（　）一书，使人们真正认识了人体的结构。

A.《人体结构》

B.《人体构造》

C.《人体解剖》

02 烽火台在古代是用来（　）的。

A. 供诸侯娱乐

B. 传递信息

C. 放烟花

三年级 道德与法治

03 在化学世界中，（　）不可再分，但在物理世界中可以继续细分。

A. 原子

B. 分子

C. 电子

九年级 化学

04 几个原子核组合在一起，形成新的原子核，叫作（　）。

A. 核辐射

B. 核裂变

C. 核聚变

九年级 科学

05 通过燃烧燃料，将燃料的内能转化为机械能的机器，叫作（　）。

A. 发动机

B. 热机

C. 内燃机

九年级 物理

填一填

06 ______ 开启了解剖学，被誉为“解剖学之父”。

07 分子运动的快慢和 ______ 有关。

08 一个原子核分裂成两个或多个新原子核的过程叫 ______ 。

九年级 科学

09 核聚变和核裂变会伴随着巨大的能量，这种能量就是 ______ 。

九年级 科学

10 2020 年 1 月，人类首次观测到银河系内的快速射电暴，这是由 ______ 观测到的。

名词索引

解剖学 …………6
骨骼 …………6
器官 …………7
肌肉 …………7
烽火台 …………8
驿站 …………8
电报机 …………9
莫尔斯电码 …………9
电话机 …………9
手机 …………9
微粒 …………12
分子 …………12
原子 …………14
原子核 …………15
质子 …………15
中子 …………15
电子 …………15
分子运动 …………17
奇点 …………18
夸克 …………18
恒星 …………19
黑洞 …………19
太阳系 …………19
核聚变 …………20
核裂变 …………20
核能 …………20
原子弹 …………20
氢弹 …………20
热机 …………23
内燃机 …………25
计算机 …………27
天眼 …………31
射电望远镜 …………31
快速射电暴 …………31
脉冲星 …………31

头脑风暴答案

1.B
2.B
3.A
4.C
5.B
6. 维萨里
7. 温度
8. 核裂变
9. 核能
10. 中国“天眼”

致谢

《课后半小时 中国儿童核心素养培养计划》是一套由北京理工大学出版社童书中心课后半小时编辑组编著，全面对标中国学生发展核心素养要求的系列科普丛书，这套丛书的出版离不开内容创作者的支持，感谢米莱知识宇宙的授权。

本册《科学成果 世界就这样被改变》内容汇编自以下出版作品：

[1]《进阶的巨人》，电子工业出版社，2019 年出版。

[2]《生命简史：从宇宙起源到人类文明》，中国大地出版社，2018 年出版。

[3]《这就是化学：分子和原子》，四川教育出版社，2020 年出版。

[4]《物理江湖：电大侠请赐教！》，北京理工大学出版社，2022 年出版。

[5]《物理江湖：热大侠请赐教！》，北京理工大学出版社，2022 年出版。

[6]《这就是计算机：无处不在的计算机》，中国工信出版集团 人民邮电出版社，2021 年出版。

[7]《超级工程驾到：巡视宇宙的眼睛——“天眼”望远镜》，北京理工大学出版社，2022 年出版。

[8]《超级工程驾到：让路程再短一点——高速铁路》，北京理工大学出版社，2022 年出版。

[9]《欢迎来到博物世界：我的家》，北京理工大学出版社，2022 年出版。

[10]《这就是生物：生物技术的魔法时刻》，北京理工大学出版社，2022 年出版。

[11]《这就是生物：上天入海寻踪生命》，北京理工大学出版社，2022 年出版。

[12]《复杂世界的简单原理：摩天大楼重塑城市的轮廓》，北京理工大学出版社，2022 年出版。

图书在版编目（CIP）数据

课后半小时：中国儿童核心素养培养计划：共31册/课后半小时编辑组编著. -- 北京：北京理工大学出版社, 2023.5

ISBN 978-7-5763-1906-4

Ⅰ. ①课… Ⅱ. ①课… Ⅲ. ①科学知识—儿童读物 Ⅳ. ①Z228.1

中国版本图书馆CIP数据核字(2022)第233813号

出版发行 / 北京理工大学出版社有限责任公司
社　　址 / 北京市海淀区中关村南大街5号
邮　　编 / 100081
电　　话 /（010）82563891（童书出版中心）
网　　址 / http: //www. bitpress. com. cn
经　　销 / 全国各地新华书店
印　　刷 / 雅迪云印（天津）科技有限公司
开　　本 / 787毫米 × 1092毫米　1 / 16
印　　张 / 83.5
字　　数 / 2480千字
版　　次 / 2023年5月第1版　2023年5月第1次印刷
审 图 号 / GS（2020）4919号
定　　价 / 898.00元（全31册）

责任编辑 / 王玲玲
文案编辑 / 王玲玲
责任校对 / 刘亚男
责任印制 / 王美丽